Sept mensonges
du féminisme

Lucia Canovi

Sept mensonges du féminisme

« J'aime l'encre Cyclostyle ; elle est tellement encreuse. Je crois que personne ne prend un plaisir aussi intense dans le fait que les choses sont ce qu'elles sont. L'incroyable humidité de l'eau m'excite et m'enivre, la flamboyance du feu, le caractère acéré de l'acier, la dimension ineffablement boueuse de la boue... Et c'est la même chose pour les gens. Quand on dit d'un homme qu'il est viril ou d'une femme qu'elle est féminine, on touche à la plus profonde philosophie. »

G.K. CHESTERTON (1874-1936)

Introduction

Tout n'est pas à jeter dans le féminisme.

Il est injuste que des femmes qui font exactement le même travail que leurs collègues masculins soient moins payées qu'eux. Il est anormal que les publicitaires aient si souvent recours à des corps féminins dénudés pour vendre. Il est choquant que des hommes politiques aux mœurs porcines expriment, sans aucune limite, leur mépris pour la plus belle moitié de l'humanité. (Sans leurs mamans, seraient-ils là où ils sont ? Seraient-ils seulement nés, d'ailleurs ?) Il est inadmissible et encore une fois injuste que les violeurs soient si légèrement punis. Inadmissible aussi que, dans les commissariats, les victimes de viol soient si mal reçues et que leurs témoignages fassent l'objet de doutes méprisants.

Mais si bon nombre de *causes* féministes sont nobles et légitimes, les *idées* féministes sont, elles, d'une qualité bien moindre. Beaucoup sont même carrément fausses, comme nous allons le voir.

Ce livre comporte sept chapitres, un pour chaque idée mensongère abordée. Ces sept notions erronées ne sont ni les seules, ni même les principales du féminisme, mais en comprenant bien où elles déraillent, c'est toute la mythologie féministe qu'on peut déconstruire.

Chaque idée est illustrée par une, deux ou trois citations de féministes. Je vous avoue sans tortiller que j'ai pioché ces citations sur Internet. Oui, je sais, Internet, ça ne fait pas sérieux, mais si j'avais tiré les citations de sources plus respectables, le résultat aurait été exactement le même, car les sept idées en question sont des idées féministes tout à fait classiques. Je ne prête pas aux féministes des discours qu'elles ne tiennent pas, je me base exclusivement sur leurs propres raisonnements, leur propre rhétorique, que (sans me vanter) je connais comme ma poche.

Quant à ma légitimité pour critiquer le féminisme, elle repose sur trois faits :

1/ J'aime la logique, que j'ai bien étudiée – je l'ai même enseignée ;

2/ Je suis une femme[1] ;

3/ J'ai été moi-même féministe.

Il y a... bon nombre d'années de cela – je préfère ne pas compter –, j'ai milité à l'association féministe Mix-Cité de Toulouse, dont la jeune Clémentine Autain était à l'époque la présidente. Pendant ma période féministe, j'ai lu énormément d'auteures féministes. L'Université de Toulouse-le-Mirail dispose en effet d'une bibliothèque féministe bien garnie. Une fois par semaine, j'y faisais le plein de bouquins. Je dévorais les pamphlets féministes et les études féministes comme d'autres gobent les fraises Tagada ou les romans à l'eau de rose. J'ai aussi assisté à de nombreuses conférences et ateliers féministes. J'étais plongé dans cette idéologie jusqu'aux oreilles, jusqu'aux yeux. Je voyais tout à travers la grille de lecture féministe, y compris le couple de mes parents. Bref, quand je parle du féminisme, je sais vraiment de quoi je parle.

Un petit avertissement avant de commencer : il n'y a pas un féminisme, il y en a deux. Le premier est « essentialiste » tandis que le second est « universaliste ».

Le premier féminisme est nettement moins connu pour une raison bien simple : il n'est pas subventionné. Le féminisme essentialiste n'a pas l'heur de plaire aux puissants de ce monde, alors que le féminisme universaliste est, lui, très bien financé, ce qui devrait d'ailleurs poser problème aux féministes et éveiller leur suspicion : comment une bonne cause pourrait-elle avoir le soutien des Rockfeller et des Rothschild, ces sinistres familles ?

Mais passons.

Le féminisme essentialiste reconnaît et admet la double nature de la nature humaine : masculine et féminine. Comme Chesterton cité plus haut, les féministes essentialistes croient qu'il y a quelque chose de beau, quelque chose d'admirable, dans la féminité de la femme et dans la virilité de l'homme. Ce féminisme-là a ma sympathie ; ce n'est pas lui que je critique.

L'objet et – soyons sincère – la cible de ce présent livre, c'est le féminisme universaliste, idéologie selon laquelle la femme est un homme comme les autres et l'homme, une femme comme les autres.

Idée fausse numéro 1

Dans certaines circonstances, une femme court le risque d'être violée, mais d'après les féministes, ce n'est absolument pas une raison pour qu'elle prenne des précautions pour éviter de se faire agresser :

« Je revendique le droit pour les femmes de se promener en mini-jupe si bon leur semble à 3 heures du matin dans la rue sans courir le risque d'être violée. Cela s'appelle la liberté. »[2]

« Vous imaginez en France en 2012 ne pas avoir la liberté de ses mouvements parce qu'on te fait planer le risque du viol ? Risque qui existe, mais qui existe autant avec des proches qu'avec des inconnus. Risque qui existe, mais qui ne doit pas, jamais, empêcher une femme de faire ce qu'elle veut. »[3]

« Les femmes de l'association indienne des femmes progressistes le disent plus haut et plus fort que les femmes occidentales ne l'ont jamais osé : *"Nous sommes ici pour dire que les femmes ont tous les droits d'être aventureuses. Nous serons imprudentes. Nous serons inconscientes. Nous ne ferons rien pour notre sécurité. N'osez pas nous dire comment nous habiller, à quelle heure du jour ou de la nuit sortir, comment marcher, ou de combien d'escortes nous avons besoin."* Alors, oui, avec elles, je réclame le même droit à l'imprudence, pour les femmes du monde entier, même celles du monde occidental : je réclame le bon droit d'être court vêtue et franchement décolletée, attirante et même aguichante si ça me chante, sans pourtant perdre une once de mes libertés : celle d'être en sécurité et celle de rester en toutes circonstances et en tout instant seule maîtresse de mon consentement. »[4]

Que, dans un autre monde, on puisse avoir à la fois la liberté de mouvement la plus totale et la sécurité la plus complète, c'est fort possible.

Dans cet univers parallèle, la chèvre de Monsieur Seguin peut s'émanciper de sa corde sans risquer de se faire manger par le loup : elle n'a pas à choisir entre une sécurité rassurante, mais ennuyeuse, mais étroite, et une liberté grisante, mais dangereuse, mais mortelle. Dans ce monde merveilleux, je suppose qu'on n'a pas non plus à choisir entre rentrer dans un jean de taille 40 et s'empiffrer tous les jours de chocolat liégeois ruisselant de chantilly et de caramel chaud. On a tout ce qu'on veut sans jamais rien sacrifier. Il n'y a jamais aucun dilemme et tous les choix sont faciles... c'est le paradis avant la mort.

Mais est-ce que nous (hommes et femmes) vivons dans ce monde-là ?

Pas à ma connaissance.

Aux dernières nouvelles, la vie est une succession d'embranchement, et chaque fois, il faut choisir. Le célibataire est parfaitement libre de ses mouvements, personne ne lui demande des comptes sur ses déplacements, mais le soir il se retrouve dans un appartement vide et froid. L'homme marié ne peut pas (s'il respecte ses engagements matrimoniaux) papillonner de femme en femme, mais l'affection de sa compagne lui garantit un foyer chaleureux où il peut se ressourcer.

Il faut choisir, il faut *toujours* choisir. C'est le propre de la condition humaine.

Les féministes revendiquent le droit d'avoir le beurre et l'argent du beurre : la liberté de mouvement la plus absolue en même temps que la sécurité la plus complète. Demandez à un alpiniste ce qu'il en pense. Lui aussi, comme n'importe quelle femme, doit choisir entre sa sécurité et une liberté absolue de mouvement. S'il s'éloigne trop des chemins balisés, il risque fort de finir au fond d'un ravin. Mais s'il reste toujours sagement là où c'est balisé, le chemin lui paraîtra peut-être ennuyeux et il pourrait bien rater un magnifique panorama. Eh oui, c'est la même loi pour tous comme pour toutes : dans la vie, il faut faire des choix...

Je sais ce que les féministes vont me répondre.

« Les hommes, eux, ne risquent pas de se faire violer s'ils sortent seuls le soir ! Ce n'est pas *juste* ! »

Nuançons. Les hommes aussi risquent de se faire violer et ça leur arrive… Pas par des femmes, mais par des homosexuels sans scrupules, ce qui n'est *pas* un oxymore.

Il est cependant vrai que le risque encouru par les femmes est plus grand. Les rues ne sont pas assez sûres et les femmes en font les frais, sur ce point-là nous sommes d'accord.

Mais la solution consiste-t-elle à revendiquer un droit imaginaire et impossible, celui d'obtenir *tout* sans jamais renoncer à *rien* ?

Ça a autant de sens que de revendiquer le droit de voler comme un oiseau.

Quand bien même nous obtiendrions légalement ce droit, ça ne changerait rien au fait qu'on ne peut *pas* voler comme un oiseau !

Le monde est ainsi fait que pour obtenir une chose, il faut bien souvent renoncer à une autre. Par exemple, un étudiant doit faire une croix sur les beuveries et les sorties jusqu'à pas-d'heure pour réussir ses examens. Lui aussi (s'il récupérait le virus féministe) pourrait se plaindre. Lui aussi pourrait revendiquer le droit de profiter à fond de sa jeunesse en faisant la fête tous les soirs sans courir le risque de compromettre son avenir professionnel en ratant ses examens.

Mais on lui rirait au nez et on aurait raison. On le traiterait aussi d'enfant gâté et on lui demanderait d'atterrir parce que pour l'instant, il plane.

On peut tout aussi légitimement rire au nez des féministes qui d'un côté, soulignent à juste titre que le viol est un traumatisme bien souvent ineffaçable, et de l'autre revendique haut et fort le droit de se promener seules en mini-jupe au beau milieu de la nuit.

Faisons preuve de logique : si le viol est un crime grave et un traumatisme terrible, et il l'est, alors il faut tout faire pour éviter que des viols se produisent. Voici une liste non exhaustive des mesures à prendre dans ce sens :

1/ Des peines extrêmement lourdes devraient être appliquées aux violeurs ;

2/ Ces peines devraient faire l'objet d'une certaine publicité pour que les violeurs potentiels soient au courant de ce qu'ils risquent s'ils choisissent de satisfaire immoralement et illégalement leurs pulsions ;

3/ Dans les commissariats, des femmes policiers devraient être spécialement formées pour recevoir avec humanité et compassion les dépositions des femmes violées ;

4/ Cette approche plus humaine devrait, elle aussi, faire l'objet d'une certaine publicité pour que les victimes sachent qu'elles seront écoutées et respectés lors de la déposition de leur plainte ;

5/ On devrait limiter et réprimer l'érotisme de rue (en d'autres termes censurer la publicité) pour désexualiser l'espace public : moins de tension sexuelle dans l'air aiderait probablement à limiter le nombre de viols ;

6/ On devrait interdire, condamner et censurer de la manière la plus sévère toute l'industrie de la pornographie pour que celle-ci ne soit plus qu'un mauvais souvenir ;

7/ Enfin, on devrait inciter les femmes à éviter les sorties nocturnes non accompagnées et les tenues dénudées. Ce qui impliquerait d'exercer une certaine pression sur les magazines féminins, dont la plupart présentent un idéal surérotisé de la femme, et de revoir radicalement la mode féminine : les vêtements qui sont proposés en magasins sont beaucoup trop suggestifs, quand ils ne sont pas beaucoup trop monstratifs.

Si l'on voulait vraiment lutter contre le viol, il faudrait prendre *toutes ces mesures à la fois.*

Ce n'est bien sûr pas l'intention des hommes politiques. Mais (et c'est nettement plus étrange) ce n'est pas non plus l'intention des féministes universalistes. Les premières mesures leur conviendraient, mais pas la mesure 7, et même la mesure 6 ne fait pas l'unanimité chez elles, certaines ne voulant pas renoncer aux voluptés avilissantes de la pornographie auxquelles elles s'adonnent sans vergogne.

Les féministes partent du principe que ce sont les hommes qui doivent apprendre à se contrôler, point final.

Mais dans ce cas, pourquoi ferment-elles leur sac à main ?

Ce n'est pas à elles de protéger leur portefeuille, c'est aux pickpockets d'apprendre à se contrôler. On a le *droit* de se promener avec un sac à main béant. On a aussi le *droit* de scotcher le code secret de sa carte bleue sur sa carte bleue, et de les laisser traîner sur la table de la terrasse du café où l'on sirote un cappuccino en admirant les nuages.

Oui on a le droit.

Si personne n'exerce délibérément et volontairement ces droits-là, c'est parce que tous les droits ne sont pas bons à exercer. Et dire cela, ce n'est absolument pas minimiser la culpabilité des violeurs, de la même manière qu'un vol n'est pas moins punissable pour avoir été facilité par un sac à main ouvert.

Au lieu de rêver à une utopie qui n'existera jamais que dans leurs rêves, les féministes feraient mieux d'accepter le monde tel qu'il est et de prôner courageusement et lucidement *toutes* les mesures préventives contre le viol. À moins, bien sûr, qu'elles pensent que le bonheur ineffable de se promener seule en jupe à trois heures du matin dans un quartier glauque ne soit pas acheté trop cher par une agression sexuelle traumatisante dont on met des décennies à se remettre, dans l'hypothèse très incertaine où on s'en remet.

Idée fausse numéro 2

D'après les féministes, le fait que les hommes ne s'habillent pas exactement comme les femmes serait pour quelque chose dans les violences que certaines femmes (pas toutes) subissent : si les hommes portaient des jupes, le monde serait plus beau et plus doux et tout le monde se ferait des bisous...

« Maintenant, que les tenues vestimentaires des femmes et des hommes participent de la construction des identités et des inégalités, je suis bien d'accord. À quand les hommes en jupe ? »[5]

Et même quand elles ne font pas un lien aussi explicite que Clémentine Autain entre « jupe » et « inégalité », les féministes se plaisent à rêver d'hommes en robes ou en jupes :

« *L'homme est une femme comme les autres* (Woody Allen), non moins doué de sens esthétique et d'intelligence. Alors vous et la jupe pour homme en 2015, pourquoi pas ? »[6]

« Reflet d'une attitude subversive saine, face au poids des regards et du politiquement correct, le port de la jupe n'est donc pas qu'une affaire de choix vestimentaire. C'est parfois aussi une façon de dépasser les préjugés, en taquinant les (dress)codes préétablis, et en taclant au passage le puritanisme hypocrite ambiant. »[7]

L'idée que, pour le bien de l'humanité et l'avenir de la planète, il serait souhaitable que plus d'hommes portent une jupe est tellement aberrante qu'il est difficile d'y répondre... Je vais tout de même essayer.

Supposons que l'objectif soit atteint : les hommes mettent des jupes avec autant de facilité que les femmes portent des pantalons. Ils se maquillent aussi, du moins le samedi soir, et s'épilent soigneusement sous les bras.

Qu'est-ce qu'on a gagné, exactement ?

Est-ce que l'écart des salaires entre hommes et femmes a disparu ?

Est-ce qu'il y a plus de respect pour les gens en général, et pour les femmes en particulier ?

Moins de viols ?

Pour répondre à ces questions, il suffit de voir ce qui se passe dans la communauté homosexuelle. En effet, beaucoup d'homosexuels ont déjà les habitudes que les féministes rêvent de voir se généraliser à l'ensemble de la gent masculine. Ils s'épilent déjà. Ils se maquillent déjà. Ils mettent déjà des jupes.

Est-ce que ça fait de cette communauté un petit paradis ?

La réponse est non.

Les violences entre conjoints, les meurtres, les suicides et les maladies sexuellement transmissibles sont nettement plus présents dans la communauté homosexuelle qu'ailleurs. Ce qui prouve au-delà du doute que la coquetterie et le port de vêtements féminins ne constituent PAS un rempart contre l'injuste, le désespoir et la violence.

Les partisans et partisanes de la jupe pour homme expliquent à perdre haleine que la jupe n'est pas forcément féminine, qu'on peut très bien être viril et porter une jupe, la preuve les kilts... Oui, en effet. Mais le kilt est une tenue traditionnellement réservée aux hommes, alors que la jupe dont il est question est, en occident, une tenue traditionnellement réservée aux femmes. Enfiler un kilt, c'est se déguiser en écossais ; enfiler une jupe, c'est se déguiser en femme, car c'est le contexte culturel où ils s'inscrivent qui dicte la signification de nos vêtements.

Quel intérêt y a-t-il, pour un homme, à se déguiser en femme ?

Il y a bien sûr les hommes qui trouvent ça génial et excitant parce que c'est leur fantasme, mais les autres ? Qu'ont-ils à gagner, à part une bonne dose de ridicule, en enfilant une jupe ?

Franchement, je ne vois pas.

Cependant le propos de Clémentine Autain déjà cité permet de comprendre pourquoi la jupe masculine paraît si séduisante aux féministes : « les tenues vestimentaires des femmes et des hommes participent, dit-elle, de la construction des identités et des inégalités ».

L'idée c'est que tant qu'on pourra faire, à vue de nez, la différence entre les hommes et les femmes, il y aura des inégalités et des injustices. Le jour où les hommes seront indistinguables des femmes et les femmes indistinguables des hommes, alors tout ira bien. On croisera une personne dans la rue, et on ne saura pas si c'est un homme ou une femme, parce que ce sera un homme très féminin ou une femme très masculine, et que son style vestimentaire sera impossible à interpréter en termes de sexe, la jupe étant devenue aussi unisexe que le jean. Il n'y aura plus de discrimination contre les femmes parce que personne ne saura qui est une femme ! Génial, non ?

C'est un peu comme l'oeuf de Christophe Colomb : il fallait juste y penser...

Et pourquoi ne lutterait-on pas contre le racisme de la même manière ?

Pourquoi n'inciterait-on pas les blancs à bronzer aux UV et les noirs à se faire blanchir la peau ?

Le jour où tout le monde aura exactement la même couleur (un café au lait très dilué), il ne sera plus possible d'être raciste contre les noirs, plus personne n'étant noir, ni contre les blancs, plus personne n'étant blanc. Mais comme il restera quelques différences dans la morphologie du visage, il faudra aussi passer sur le billard : les ex-noirs se feront affiner le nez et lisser les cheveux comme Michael Jackson, tandis que les ex-blancs se feront élargir les lèvres et crêper les cheveux.

Mais pas trop, sinon les blancs passeront pour noirs et les noirs pour blancs, de la même manière que de nos jours, beaucoup de transsexuelles – c'est-à-dire d'hommes castrés et gavés aux hormones – ont une apparence plus féminine que beaucoup de femmes.

Quel monde merveilleux et quelle sublime utopie...

Idée fausse numéro 3

Parlons encore un peu du viol. D'après la doxa féministe, toute femme serait une victime réelle ou potentielle, et symétriquement tout homme serait potentiellement un agresseur :

« Le fait d'être une femme nous place d'emblée dans une position de victime potentielle. »[8]

« L'histoire pèse malheureusement de tout son poids en faveur d'une hiérarchie des rapports sociaux entre les sexes. On ne se débarrasse pas comme ça de siècles et de siècles de patriarcat... Du coup, il n'y a pas de symétrie entre hommes et femmes. Aujourd'hui encore, il y a bien du masculin qui domine et du féminin qui est asservi. Hommes et femmes doivent s'émanciper de ces modèles de virilité et de masculinité, à partir desquels la société produit des discriminations, des inégalités et des violences. Pour se faire, les femmes doivent reconnaître qu'elles sont victimes, réelles ou potentielles. Le reconnaître, c'est douloureux, mais indispensable pour combattre les mécanismes de la domination. Cela ne veut pas dire que tous les hommes, à tous moments, sont de fieffés salauds et que les femmes, toutes et à chaque instant, sont des victimes. Nuance. Mais ne balayons pas d'un revers de manche les mécanismes sociaux de fond. »[9]

Quand les féministes n'attribuent explicitement aux hommes le statut de violeurs ontologiques, elles le leur accordent à demi-mot. Ainsi, si Clémentine Autin éprouve le besoin de dire que les hommes ne sont pas absolument tous, et peut-être pas à tous moments non plus, de « fieffés salauds », c'est bien évidemment parce qu'elle pense que la majorité d'entre eux sont, la plupart du temps, d'affreux salopards.

Comme souvent, les féministes américaines sont plus explicites et jusqu'au-boutistes que leurs homologues françaises :

« Et si le violeur professionnel doit être distingué de l'homme

21

hétérosexuel dominant moyen, c'est simplement par une différence quantitative. »[10]

En d'autres termes, l'homme hétérosexuel dominant moyen qui n'a violé personne a seulement *moins* violé que le violeur professionnel. (Le viol est donc un métier ! On en apprend tous les jours.)

C'est un point de vue intéressant, et qu'on peut transposer à toutes sortes de domaines....

Prenons par exemple un citoyen honnête et honorable d'un côté, et un cambrioleur d'un autre. Si on se fiait bêtement aux apparences, on pourrait avoir l'illusion qu'ils n'ont pas grand-chose en commun, que ce sont deux espèces différentes. Mais si on réfléchit bien, et surtout si on réfléchit *féministement* bien, on s'apercevra que si on doit distinguer le citoyen honorable et honnête du cambrioleur, c'est simplement *par une différence quantitative*.

C'est indiscutable : le citoyen honorable et honnête a *moins* cambriolé que le cambrioleur, puisqu'il n'a *jamais* cambriolé ! Et de même, entre l'innocent accusé à tort et le tueur en série, il n'y a qu'une différence quantitative, puisque l'innocent accusé à tort a juste commis beaucoup moins de meurtres (n'en ayant commis aucun) que l'assassin endurci...

Ce qui ressort des citations féministes précédentes, c'est que dans la mythologie féministe toute femme est quelque part victime de viol, même si elle ne l'est pas, tandis que tout homme est quelque part coupable de viol, même s'il en est parfaitement innocent, même s'il en est lui-même victime.

En effet – suivez bien le raisonnement, je vous prie – quand un homme se fait violer par un violeur, c'est encore le féminin qui se fait violer, puisqu'il est violé « comme s'il était une femme », et donc en fin de compte, ce sont les femmes qui sont victimes, du moins potentiellement victimes, et pas l'homme réellement violé, qui lui n'est qu'une victime collatérale, saugrenue et insignifiante de la démoniaque domination masculine dont il bénéficie certainement à un niveau ou un autre même s'il n'en bénéficie pas, puisqu'il est un homme.

Oui, je sais, c'est capillotracté, mais repensez-y souvent le soir avant de vous endormir, et vous finirez par trouver ça logique... ou presque.

Comme vous pouvez le constater, les féministes font allègrement l'impasse sur la dimension strictement individuelle de la responsabilité. Dans la réalité des faits, il n'y a pas de culpabilité collective. Il n'y a pas non plus de victimat collectif. (Ne cherchez pas *victimat* dans le dictionnaire, il n'y a pas encore fait son entrée.) Quand mon voisin se tape sur le doigt avec un marteau au bricolant, ce n'est pas moi qui saigne. Quand une femme ou un homme se fait écraser par un train, c'est uniquement cette personne-là qui se fait réduire en bouillie. Nous pouvons nous sentir solidaires, nous pouvons compatir, c'est même chaudement recommandé, mais il n'en reste pas moins que sur les rails ce n'est pas nous, c'est l'autre.

Reprocher – à demi-mot ou explicitement – à tous les hommes ce que font quelques hommes est donc un exercice ès culpabilisation tout à fait gratuit et injustifié. Le seul individu qui est responsable de ce qu'il fait, c'est celui qui le fait. Évident, oui, mais de nos jours rappeler cette évidence est loin d'être un luxe.

Parce que femme, faudrait-il que j'aie honte de ce qu'a fait une mère de famille belge le mercredi 11 février 2015 ?

Elle a brûlé vivantes ses trois petites filles pour se venger de son mari, à qui la justice avait attribué la garde de ses enfants.

Dans la mesure où :

1/ Elle ne m'a pas demandé mon avis avant d'agir ;

2/ Je condamne à 100 % ce triple infanticide ;

je ne vois vraiment pas pourquoi je m'en sentirais coupable.

Et si moi, une femme, je ne suis pas coupable de l'infanticide commis par une autre femme, pourquoi un homme serait-il coupable du viol commis par un autre homme ?

Non mais c'est vrai, pourquoi ?

Et je tiens à souligner que cette criminelle est une femme exactement au même titre que moi. Ce n'est pas une femme plus ou moins femme que moi. Nous appartenons vraiment au même sexe ; nous partageons les mêmes caractéristiques sexuelles principales et secondaires. Malgré ce point commun qui pour un misogyne (le pendant de la féministe universaliste) jouerait probablement en ma défaveur, à tort ou à raison je persiste à me juger innocente du triple infanticide commis par cette femme.

La seule manière de s'en tirer, à ce point du débat, consiste à citer Marylin French :

« Aussi longtemps que certains hommes utilisent la force physique pour soumettre les femmes, les hommes n'ont pas tous besoin de le faire. Savoir que certains hommes le font suffit à terrifier toutes les femmes. »[11] [12]

Les non-violeurs seraient coupables par association parce qu'ils profitent des viols commis par d'autres, et parce que si les prédateurs sexuels ne se chargeaient pas du (sale) boulot, eux seraient bien obligés de s'y mettre...

C'est complètement délirant, mais faisons comme si ça avait du sens pour réfuter ce sophisme.

En quoi les hommes qui ne sont pas violents sont-ils bénéficiaires des viols qu'ils ne commettent pas ?

Le bénéfice d'un viol est évident : c'est le plaisir sexuel et éventuellement sadique qu'en tire le violeur. En quoi cet avantage profite-t-il à ceux qui n'ont *pas* commis l'agression sexuelle ?

La réponse est qu'ils n'en profitent en rien. Le fait que les femmes craignent d'être violées ne constitue *pas* un bénéfice pour la majorité non violente des hommes. Et si un de ces hommes tombe amoureux d'une femme qui a été précédemment violée, il récoltera au contraire moult désagréments à cause de ce viol. La femme qu'il aime aura du mal à lui faire confiance, sera émotionnellement instable, souffrira peut-être de frigidité dans ses rapports avec lui...

À moins de croire à une méchanceté congénitale et gratuite de tous les hommes, méchanceté qui leur ferait se frotter les mains à l'idée que des femmes se font violer quelque part, on est bien obligé d'admettre que les viols ne profitent en rien à ceux qui ne les commettent pas.

Et dans la mesure où ces hommes qui n'agressent pas les femmes sont les frères, les pères, les copains, les maris ou les fils de ces femmes qui risquent d'être violées ou qui l'ont été, il paraît nettement plus logique de supposer que tous ces hommes sont moins heureux qu'*angoissés* à l'idée que des prédateurs sexuels rodent en liberté.

Quand Marylin French prétend que tous les hommes n'ont pas *besoin* de violer parce que certains le font, elles les accusent à demi-mot de comploter tous ensemble contre les femmes. Elle laisse entendre que, jadis (quand exactement ? mystère), quelque part (où exactement ? boule de gomme), violeurs et non-violeurs se sont rassemblés pour se mettre d'accord en secret :

– Vous, vous violez autant de femmes que vous pouvez, et pendant ce temps nous, nous exerçons tranquillement notre injuste domination masculine sur toutes les femmes terrifiées par la perspective de se faire agresser. Ça marche ? On a un deal ?

– Ah ouais, excellent, quel plan génial, ça va être le pied intégral, ah ah ah ah... (*rire satanique*)

– Oh oui, on va bien s'amuser, chacun de notre côté, hé hé hé hé... (*ricanement méphistophélique*) oh et puis, comme on n'aura peut-être pas l'occasion de se recroiser, n'oubliez pas d'expliquer notre plan à vos petits garçons, pour que plus tard, eux aussi deviennent des violeurs sadiques. Parce qu'on serait très embêté si les viols cessaient. Vous comprenez, nous, on n'est pas comme vous : on aime nos femmes consentantes. Terrifiées, mais consentantes. Donc on ne voudrait pas être obligé d'avoir à les violer. »

– Pas de problème, vous pouvez compter sur nous et nos descendants ! »

Ce scénario est-il réaliste ? Est-il étayé par des preuves ? Des faits ? Des petits indices ?

Non, non, non et même pas.

Et quand je pense que les féministes n'ont jamais été traitées de « complotistes » par personne, alors que tant de penseurs respectables le sont...

Quand les féministes prétendent que tous les hommes sont des violeurs potentiels, elles ne font que donner un nouveau look, un peu plus sérieux et beaucoup plus radical, à un vieux cliché éculé : « Tous des brutes sans coeur ! Tous des salauds ! Tous des égoïstes ! »

Moi, je veux bien.

Mais si les hommes sont tous des durs à cuir insensibles et égoïstes et des violeurs potentiels, pourquoi les femmes ne seraient-elles pas toutes des hystériques chichiteuses qui cherchent un mari aux cartes de crédit dorées qu'elles feront peut-être assassiner par leur bel amant un de ces jours, quand elles se seront lassées de ses tempes argentées ?

En termes de généralisation injuste, ça ne vole ni plus haut, ni plus bas.

Tant qu'à généraliser, pourquoi ne pas préférer les compliments aux insultes ?

On pourrait par exemple affirmer que *tous* les hommes sont remarquablement doués pour résoudre les problèmes pratiques et faire face au danger, ce qui est admirable, et que *toutes* les femmes sont remarquablement douées pour exprimer leur compassion et éduquer les enfants, ce qui n'est pas moins bluffant.

Ce ne serait pas vrai non plus, mais au moins ça rendrait l'atmosphère plus cordiale, plus chaleureuse : tant qu'à mentir, autant rendre tout le monde heureux.

Idée fausse numéro 4

Autre cliché féministe : tout ça, c'est la faute au pa-tri-ar-cat...

« L'objectivation sexuelle des femmes est [...] un puissant outil du patriarcat, un puissant outil d'oppression. » [13]

« Le patriarcat a des pièges profonds et [...] il est complexe d'échapper à son conditionnement. *« Depuis le déchaînement antiféministe orchestré par les industries pornographiques et proxénètes, en particulier à partir des années 1970, le patriarcat s'est assuré par tous les moyens que la seule chose qui passe pour féministe aux yeux et aux oreilles des jeunes femmes soit une image totalement pornifiée de nos luttes. [...] »* Un féminisme qui s'appuie sur les standards de désirabilité du patriarcat publicitaire, jeunes, minces, épilées et nues... est un féminisme complice du patriarcat. »[14]

« J'utiliserai dans mon exposé indifféremment les termes patriarcat, subordination des femmes, oppression des femmes, domination ou suprématie masculine même si on pourrait donner des significations légèrement différentes à chacune de ces expressions, en mettant plus l'accent sur l'un ou l'autre aspect, économique, symbolique, politique, psychologique... de l'inégalité entre les sexes. Le patriarcat est un système de domination qui structure toutes les sphères de l'existence. »[15]

Vous avez compris : le patriarcat, c'est mal. Carrément pas bien du tout. Ce système social opprime et écrase les femmes. Il ne les laisse pas respirer. Il les réduit au rang d'objet sexuel.

Mais qu'est-ce que le *patriarcat*, exactement ?

Ce mot est un emprunt au latin biblique *patriarcha*, qui signifie « chef de tribu hébreu ». Il appartient à la même famille que *patriarche*, qui signifie « vieillard respectable vivant en paix entouré d'une nombreuse famille ». Ce mot, *patriarche*, désigne à l'origine des prophètes de l'Ancien Testament tels qu'Abraham et

Jacob, prophètes qui ont vécu très vieux et qui ont eu une nombreuse descendance. Autres mots qui appartiennent à la même famille : *patriarcal*, « qui évoque la simplicité et le dépouillement des anciens patriarches », et *patriarcalement*, qui signifie « d'une manière simple, sobre, dépouillée ». Selon la Bible, ces prophètes ont en effet vécu simplement, au contact de la nature, d'activités pastorales.

Comme vous pouvez le constater, *patriarcat*, *patriarcal* et *patriarche* ont, à l'origine, un sens très élogieux. Ce sens a perduré jusqu'au XIXème siècle et peut-être au-delà. Si, par exemple, vous lisez quelques romans de George Sand (1804-1876), vous découvrirez qu'elle emploie l'adjectif *patriarcal* dans ce sens mélioratif qui était le sien avant que le féminisme ne s'en mêle. Pourtant, George Sand était une femme de lettres, une femme politique, une fumeuse de cigares et une porteuse de pantalons au sens propre, car elle s'habillait parfois en homme. Et bien malgré toutes ces qualités (qualités du point de vue féministe), George Sand aimait le patriarcat et les familles patriarcales, qui étaient pour elle synonymes de simplicité et d'harmonie.

Pour les féministes toutes ces connotations positives n'existent tout simplement pas. Quand elles emploient *patriarcat* et *patriarcal*, c'est toujours avec une intention péjorative et dans un contexte hostile. Le sens qu'elle donne à ces deux mots est même bien souvent opposé à leur définition originelle puisque selon elle, le *patriarcat* transforme les femmes en objets sexuels et mercantiles, alors que les patriarches de la Bible n'ont jamais été suspectés par personne de considérer les femmes comme des proies ou des sources de revenus. Même les féministes n'ont pas pensé à les accuser de ça. (Mais peut-être qu'elles vont le faire maintenant, zut, je n'aurais pas dû évoquer cette éventualité.)

Les définitions féministes de *patriarcat* et de *patriarcal* représentent donc une trahison du sens historique de ces mots. Comme toute idéologie trompeuse, le féminisme repose sur des redéfinitions abusives et du traficotage sémantique. Sans cet obscur micmac de corruptions lexicales, ses idées infondées et saugrenues apparaîtraient clairement comme telles.

Dans *patriarche* comme dans *patriarcat*, on trouve deux notions associées : celle de père et celle d'autorité. On comprend donc que le terme ait été attribué à des chefs de tribus. On peut en effet définir une tribu comme une famille très élargie. Une famille patriarcale est une famille où le père est présent et même très présent, où personne ne lui conteste son rôle de chef de famille. Sa femme et ses enfants le respectent. Un peu comme dans *La petite maison dans la prairie* ou dans *Papa a toujours raison* (en version originale « Father knows best »), deux feuilletons américains de grande qualité qui ont inspiré et réconforté plusieurs générations de téléspectateurs.

Quel rapport avec « l'objectivation des femmes » et « les industries pornographiques et proxénètes » ?

Strictement aucun.

Au contraire, même : les filles appartenant à des familles patriarcales ont une probabilité proche du zéro absolu de finir sur le trottoir ou dans des films pornographiques. Élevées dans des valeurs traditionnelles et généralement très attachées à leur papounet chéri qu'elles admirent, elles ne sont pas tentées par la prostitution. Ce sont les filles nées dans des familles monoparentales ou gravement dysfonctionnelles, autrement dit des filles dont le père est absent ou abusif, qui risquent le plus de se retrouver exploitées en tant qu'objets sexuels.

Quand les féministes accolent à l'exploitation sexuelle et financière des femmes l'étiquette *patriarcat*, elles contribuent donc au brouillard sémantique ambiant, purée de pois où il est impossible de savoir quoi est quoi et qui est qui. Dans cette confusion, tous les chats sont gris et les mensonges les plus invraisemblables, les plus grotesques, passent allègrement pour des évidences.

Le patriarcat que les féministes montrent et remontrent du doigt comme si c'était le plus grand scandale de la société moderne a presque entièrement disparu. Les familles ne sont plus des tribus. Les pères de famille ne vivent plus en paix entourés de leur nombreuse famille. Leurs femmes et leurs enfants ne les respectent plus.

Nous ne vivons pas dans une société patriarcale. Nous vivons dans une société *anti*-patriarcale où les pères sont absents, faibles ou démissionnaires. Et les femmes en souffrent.

Les féministes sont tellement aveuglées par leur gloubilboulga terminologique qu'elles ne se rendent pas compte que leur "ennemi principal", ce *patriarcat* qui passe à leurs yeux pour le mal absolu, est mort. Et elles ne voient pas non plus que les problèmes qu'elles dénoncent sont nés de son décès.

Idée fausse numéro 5

Autre idée féministe : pour valoir quelque chose, une femme se doit d'être in-dé-pen-dante.

« Évidemment, lorsqu'une femme indépendante parvient à gravir les échelons pour se rendre tout en haut, son parcours s'inscrit dans la visée féministe. »[16]

« « Quand j'étais plus jeune, il me serait difficilement venu à l'idée que les Destiny's Child puissent faire une chanson aux paroles féministes. Et pourtant, le morceau qu'elles ont interprété pour accompagner le film Charlie's Angels promeut l'indépendance des femmes qui ont choisi de ne dépendre financièrement que d'elle-même. »[17]

Avant d'aller plus loin, voyons un peu ce que les féministes entendent par « femme indépendante ».

Quand elles parlent d'*indépendance financière*, à quoi pensent-elles exactement ?

Au sentier exaltant et quelque peu solitaire de l'entrepreneuriat, ou à l'autoroute banale et encombrée, bouchonnée, du salariat ?

Plutôt la seconde option.

Mais est-ce qu'un-e salarié-e est indépendant ? Est-ce qu'il ne dépend financièrement de personne ?

Un salarié est, par définition, à la merci de son patron qui peut lui supprimer des jours de congé, redéfinir son poste, le harceler et le remercier. Petit rouage dans une grosse machine sur laquelle il n'a aucun contrôle, le salarié est l'esclave de son salaire qu'il tremble de perdre. Que ça lui plaise ou non, son employeur le domine.

Regardons les choses en face, même si ce n'est pas de gaîté de coeur : pour être financièrement indépendant il ne faut pas être salarié-e, mais bien chef d'entreprise.

Quand les féministes valorisent la femme « indépendante », ils ne valorisent pas la femme réellement indépendante, elles valorisent la femme qui, financièrement parlant, n'a pas besoin de son conjoint. Peu leur importe, en fin de compte, si cette femme est l'esclave d'un boulot humiliant et mal payé, l'essentiel à leurs yeux est qu'elle ne compte pas sur son mari. Ce n'est pas l'indépendance que les féministes célèbrent, c'est l'indépendance-vis-à-vis-du-mari assortie d'une dépendance-vis-à-vis-du-patron.

Travailler comme une esclave pour un homme oui, aucun problème, tant que c'est dans le cadre d'un CDD ou d'un CDI et contre un salaire sonnant et trébuchant. Mais travailler comme femme au foyer pour son mari, pour sa famille, pour soi-même en somme, alors là, non, non, et triple non !...

Mais en quoi est-ce pire, exactement ?

En quoi est-ce plus de la dépendance que l'autre option, l'option salariée ?

Derrière l'idéologie féministe, se dissimule le culte de l'argent. Aux yeux des féministes l'argent qu'une femme gagne prouve sa valeur, tandis que l'argent qu'une femme permet à son mari d'économiser prouve qu'elle ne vaut rien, puisqu'elle ne le gagne pas. Rien de plus matérialiste, égoïste et autodestructeur, que cette approche.

Derrière l'idéologie féministe, se cache aussi la peur panique de se faire abandonner. Le cauchemar numéro un des féministes ressemble au scénario suivant : une femme aime un homme. Elle l'épouse. Elle se dévoue pour lui et pour leurs enfants corps et âme pendant des années. Un jour, l'homme s'aperçoit qu'elle a vieilli et la plaque pour une midinette ayant la moitié de son âge. La femme divorcée ne trouve aucun travail et tombe dans la misère la plus noire. Elle a tout donné et tout perdu.

Pathétique, en effet.

Mais une féministe aigrie qui vit avec ses chats, se dévoue à son entreprise, et pour finir se fait virer comme une malpropre, offre-t-elle vraiment une trajectoire plus exaltante ?

Au moins la femme qui a sacrifié sa vie à sa famille a des

enfants. Des enfants qu'elle a élevés et qui très probablement l'aiment encore à l'heure de sa vieillesse. La féministe n'a que son féminisme, et sa copine lesbienne (dans l'hypothèse où elle est lesbienne) ne la protégera pas contre le désespoir. Une idéologie ne remplace pas une famille. Une femme ne remplace pas un homme, ou plutôt, une femme ne remplace au homme qu'au travail. Personne n'est irremplaçable, dit-on... dans l'intimité du foyer, c'est le contraire qui est vrai.

Durant ma période féministe, j'ai assisté à une conférence – à la librairie *Ombres Blanches* si mes souvenirs sont bons – de la féministe Monique Causse. Elle jonglait avec les concepts obscurs et les néologismes incompréhensibles (*sexage, androlectre, sexisées, dividues...*) avec une agilité intellectuelle impressionnante. Elle avait beaucoup d'aplomb.

Sans aller jusqu'à lui vouer une admiration inconditionnelle, car à tort ou à raison j'ai toujours éprouvé un certain scepticisme face aux discours que je ne parviens pas à comprendre, je la respectais. C'était une intellectuelle et une féministe, à mes yeux deux raisons de la placer à part, au-dessus du lot.

En 2010, Monique Causse s'est suicidée.

Et pas n'importe comment : en direct. Filmée par des journalistes. Assistée dans son suicide par l'association *Dignitas*, dont le nom rime à merveille avec *rapace*. J'ai vu l'émission, et du même coup les dernières minutes de sa vie. Aux côtés de Monique se tenait sa compagne lesbienne.

Apparemment, celle-ci avait été incapable de dissuader son amie de se tuer.

L'employée de *Dignitas* qui se charge d'offrir le poison aux candidats au suicide demanda à Monique de confirmer son identité avant d'avaler la mort. Monique confirma en ajoutant qu'elle n'était pas mariée et qu'elle n'avait pas d'enfant.

Pourquoi dire cela à ce moment-là, juste avant de boire le poison, alors qu'on ne le lui demandait pas ?

C'est comme si la vérité qu'elle avait refoulée toute sa vie sous des couches et des couches d'idéologie féministe et lesbienne faisait malgré elle surface en cet instant suprême.

Monique Causse aurait-elle voulu mourir si elle avait été mariée, si elle avait eu des enfants ?

Pour ma part, j'en doute. Le féminisme lesbien était le sens de sa vie, mais ce sens-là était trop artificiel, trop contre-nature, pour la raccrocher à l'existence jusqu'au bout. Un mari et des enfants, une famille en un mot, sont d'un bien autre poids.

À force de contorsions sémantiques, intellectuelles et émotionnelles, Monique Causse pouvait bien croire, et peut-être même faire croire à d'autres, qu'une femme ne peut pas aimer son « oppresseur », ne peut pas désirer réellement un homme, ne peut pas, si elle le désire malgré tout, rester authentiquement femme, qu'en fin de compte l'homme est une fiction, la femme est une fiction, que seule la lesbienne est une femme... un jour n'en est pas moins venu où tous les mensonges dont elle s'était enveloppée (de bonne foi peut-être) comme d'un confortable cocon se sont déchirés sans appel.

Le temps révèle, développe, et dévoile toutes choses.

À ce propos ou hors de propos, j'attire votre attention sur le célèbre slogan féministe des années 70, *Une femme sans homme, c'est comme un poisson sans bicyclette.*

Ce slogan ne vaut pas tripette.

D'une part, les hommes ne sont pas des objets, ou du moins, pas plus que les femmes. Comparer les hommes à des bicyclettes au même moment où l'on compare les femmes à des êtres animés, c'est faire preuve d'un subtil sexisme à l'encontre de la moitié mâle de l'Humanité. Ou pas si subtil, d'ailleurs. Que penseriez-vous d' « Un homme sans femme, c'est comme un marsouin sans machine à coudre » ? Est-ce que vous ne trouveriez pas ça légèrement méprisant à l'égard des femmes, mine de rien ou de quelque chose ?

Permettez-moi d'insister : même si les hommes ont souvent un amour assez prononcé (certaines diraient *immodéré*) pour les moyens de locomotion roulants, ce ne sont pas *eux-mêmes* des moyens de transport. De même que les femmes qui ont un amour tout particulier pour les froufrous ne sont pas des jupons.

D'autre part, les poissons et les bicyclettes ne tombent pas amoureux les uns des autres et ne font pas des petits ensembles, à la différence des hommes et des femmes. Entre l'homme et la femme, la rencontre est inévitable et l'amour, une fatalité ou presque. Alors que la rencontre amoureuse d'un poisson et d'une bicyclette est, pour le moins, difficile à concevoir. (D'ailleurs, où ce poisson et cette bicyclette auraient-ils faire connaissance ? Pas au dancing du coin en tout cas.)

L'analogie, qui peut séduire par son côté décalé et surréaliste, est donc à côté de la plaque au mauvais sens du terme. Une femme sans homme, c'est plutôt comme une serrure sans clé, ou pour rester dans le règne animal, comme une poule sans coq, une lionne sans lion, etc.

À noter aussi que comparer une femme à un poisson et un homme à une bicyclette, c'est déjà, subtilement, présenter la femme comme « un homme comme les autres » et l'homme comme « une femme comme les autres » dans la mesure où *poisson* est un mot de genre masculin et *bicyclette* un mot de genre féminin. Il y a quarante ans, l'inversion des genres était, semble-t-il, déjà au programme...

Revenons maintenant à la valorisation féministe de l'indépendance.

Qu'est-ce que l'indépendance ?

Une notion très surestimée à mon humble avis.

Être indépendant, c'est juste ne pas être dépendant de... Ce n'est pas apporter une contribution positive à l'humanité, ce n'est pas être humble, ce n'est pas être généreux, bref ce n'est pratiquer aucune vertu positive. Et est-ce qu'il n'y a pas une part d'orgueil complètement illusoire dans cette idée ?

L'idée selon laquelle on pourrait être complètement indépendant(e)...

Est-ce que nous n'avons pas besoin du boulanger pour son pain ?

De nos parents pour leur amour et leur soutien ?

De nos amis pour la douceur de leur amitié ?

Car il n'y a pas que la dépendance financière.

Il y a aussi la dépendance affective.

Qui peut se targuer d'y échapper ?

Et ceux qui s'en targuent sont-ils à envier ?

Quand ils ou elles prétendent être parfaitement heureux tous seuls dans leur coin, qui peut les croire ?

Pas moi.

Pour résumer : je ne vois pas en quoi l'ambition purement égoïste, le désir de grimper l'échelle sociale pour gagner beaucoup d'argent et passer ainsi pour quelqu'un d'important aux yeux peu perspicaces de la société, serait un vilain défaut chez les hommes et une admirable qualité chez les femmes.

Soit il est bon d'avoir les dents qui rayent le parquet, qu'on soit un homme ou une femme, soit ça n'a rien de particulièrement glorieux, qu'on soit un homme ou une femme. Le simple fait que ce soit un peu plus difficile pour une femme que pour un homme ne rend pas ce projet plus vertueux pour elle que pour lui, de même que certains actes peuvent présenter à la fois une difficulté bien réelle et un intérêt très limité, comme par exemple le fait de cracher à dix mètres.

Idée fausse numéro 6

Cette fois-ci, une seule citation suffira, car elle est tellement connue qu'elle pèse autant qu'une demi-douzaine moins célèbres :

« On ne naît pas femme, on le devient. »

Cette sentence est de Simone de Beauvoir (1908-1986).

À vue de nez, oui, c'est vrai : on ne naît pas femme, on le devient. Aucun être de sexe féminin n'est sorti du ventre de sa mère avec un corps d'adulte. Le nouveau-né n'a pas de seins voluptueux, pas de hanches arrondies, pas de silhouette en sablier. On ne naît pas femme, on naît bébé. Les années passent à tire d'aile et un jour, la puberté aidant, on devient un homme… ou une femme.

Donc, oui, si on prend la phrase de Simone de Beauvoir au pied de la lettre, c'est vrai : on ne naît pas femme, on le devient.

Mais naturellement, ce n'est pas ce que Simone de Beauvoir veut dire.

Mais alors, qu'est-ce qu'elle veut dire ?

Qu'est-on, si ce n'est un bébé de sexe féminin puis une fillette, avant de devenir une femme ?

Un petit ange ?

Un petit garçon ?

Un petit androgyne ?

Simone de Beauvoir étant résolument athée, on peut déjà éliminer la première possibilité. Il reste « un petit garçon » et surtout « un petit androgyne ». Beauvoir penche pour cette troisième option. D'après elle, l'être humain commence par être une créature unisexe, androgyne que la société modèle petit à petit en homme ou en femme, conformément à la forme apparente de son appareil génital.

Mais qu'est-ce que ça veut dire, « conformément à la forme apparente de son appareil génital », s'il n'y a aucun lien entre le sexe biologique et le genre social ? De quelle conformité parle-t-on ici ?

Il y a là une faille dans le raisonnement.

Je ne sais pas si Simone de Beauvoir a emprunté sa théorie de l'androgyne primordial à Freud, mais ce qui est sûr c'est qu'avant elle, Freud croyait déjà qu'on ne naît pas femme, ni homme. Selon Freud, le bébé n'est ni petit garçon, ni petite fille : il est les deux.

Pourquoi croyait-il une telle chose ?

Pas parce qu'elle est vraie, en tout cas.

Freud, qui rêvait d'être un grand scientifique ou du moins de passer pour tel, a reçu le prix Nobel de *littérature*, ce qui l'a profondément vexé. La majorité de ses idées n'ont aucune base factuelle rigoureuse ; il les a tirés de sa vie intime et de son imagination, qu'il stimulait par le recours au tabac et à la cocaïne.

Quoiqu'un peu plus calme, du moins il faut l'espérer pour elle, la vie privée de Simone de Beauvoir présente avec celle de Freud quelques points communs. Ainsi Simone de Beauvoir, qui était en couple avec le célèbre philosophe Jean-Paul Sartre, n'en avait pas moins des aventures avec certaines de ses anciennes élèves. Comme Simone et avant elle, Sigmund était lui-même bisexuel.

Vous n'en avez jamais entendu parler ?

Vous n'êtes pas le seul ni la seule. C'est un secret encore bien gardé. Freud n'en était pas moins passionnément amoureux de son ami Wilhelm Fliess... Un amour qui n'avait rien de platonique.

Que des bisexuels s'imaginent que l'être humain naît androgyne présente une certaine logique.

Cette supposition leur permet de « découvrir » que leurs choix sexuels hors-norme sont, tout bien pesé, parfaitement normaux et que leurs goûts s'inscrivent dans la continuité de la nature humaine originelle. Ainsi, ils se rassurent sur leur propre compte et font indirectement, mais efficacement, la promotion des pratiques sexuelles chères à leur cœur. Si nous naissons tous bisexuels, ne devons-nous pas goûter à tout pour vivre pleinement notre nature humaine ?

D'une façon comparable, un tueur en série prêtera à l'Humanité tout entière ses pulsions homicides pour se rassurer quant à sa normalité, pour diluer sa culpabilité, et pour se convaincre que même les innocents sont (quelque part) aussi coupables que lui.

Vous ne voyez pas à qui je fais allusion ?

À Freud, encore une fois. Pour tout savoir sur les meurtres commis par Freud, lisez *Freud tueur en série : vrais meurtres et théorie erronée*, d'Eric Miller, aux éditions lucia-canovi.com. (Oui, c'est moi l'éditeur.)

Et si vous voulez des preuves que les bébés de sexe féminin sont bien réellement des bébés de sexe féminin, avec une sensibilité et des aptitudes déjà différentes de celles de leurs tout petits homologues masculins, vous pouvez lire (en anglais) *Brain Sex: The Real Difference Between Men and Women* par Anne Moir et David Jessel et *Taking Sex Differences Seriously* par Steven E. Rhoads. Ces deux livres rassemblent une foison d'études scientifiques qui prouvent et re-prouvent jusqu'à plus soif qu'il y a bien des différences biologiques innées entre les hommes et les femmes, les garçonnets et les fillettes, les nouveau-nés et les nouvelle-nées.

Quel genre de différence, me direz-vous ?

Et bien les différences classiques qu'on connaît et constate tous, même si le féminisme exerce une pression idéologique pour nous les faire oublier et nier. Les petits garçons sont plus entreprenants, plus axés « résolution de problème », tandis que les petites filles sont plus empathiques, plus sensibles, et plus douées pour les langues.

À ce niveau, rien de nouveau sous le soleil...

Idée fausse numéro 7

Le sexe n'a rien à voir avec le genre ! Telle est la septième et dernière idée féministe que nous évoquerons dans ces pages :

« Le couple conceptuel sexe/genre, central dans les réflexions féministes, a fait l'objet de plusieurs agencements au cours des dernières décennies [...]. En effet, les liens établis entre ces concepts ont changé depuis les années 70, moment où une distinction entre le sexe et le genre a été effectuée, renvoyant le premier terme au biologique et le second au social. Les féministes postmodernes (Baril 2005), à la suite des matérialistes (Mathieu 1989; Jackson 1996 et 1999; Delphy 1998 et 2001; Wittig 2001), critiquent cette perspective fondationnaliste et élaborent un paradigme constructiviste (Nicholson 1999 : 53-76) dans le sillon des recherches critiques sur la bicatégorisation des sexes en biologie (Gardey et Löwy 2000; Löwy et Rouch 2003). Les travaux postmodernes ébranlent l'idée que le « sexe » soit une donnée naturelle (d'où l'emploi des guillemets [...]) et montrent que le corps est un concept historique. Dans cette perspective, le « sexe » devient un construit social et le genre précède le « sexe », car il donne une valeur à des traits physiologiques qui ont en eux-mêmes peu d'importance pour une catégorisation (Jackson 1996 et 1999; Delphy 1998 et 2001; Löwy et Rouch 2003; Butler 1993b, 2005a, 2005b et 2006). C'est la division hiérarchique des humains en deux genres qui construit la différence sexuelle et celle-ci est remise en question par le paradigme constructiviste. »[18]

Vous n'avez pas tout compris ?

C'est normal, c'est fait pour ça. Si on comprenait, personne ne marcherait dans la combine. Les escrocs ont besoin d'ombre. Mais attendez, je vais vous expliquer.

Au début, au tout début, avant que le féminisme universaliste ne ramène sa fraise, on savait qu'il y avait des hommes et des femmes et que c'était dans l'ordre des choses. Une dichotomie parfaitement naturelle.

À cette époque déjà lointaine, *sexe* et *genre* étaient deux noms fort respectables. Certes, on parlait du *genre* d'un nom et du *sexe* d'une personne, mais cette nuance ne créait aucune confusion.

Le genre était tout simplement le reflet, dans le langage, du sexe dans la réalité. Ainsi le mot « femme » est de *genre* féminin parce qu'une femme en chair et en os est de *sexe* féminin. Bien sûr, on pouvait toujours chipoter en disant que le soleil n'est pas plus mâle que la lune n'est femelle, et pourtant *soleil* est de genre masculin tandis que *lune* est de genre féminin... mais, quand il n'y a pas de neutre dans la langue, il faut bien que tous les noms soient de genre masculin ou de genre féminin, y compris quand ils désignent des réalités non sexuées : pas de quoi épiloguer pendant vingt ans sur le sujet.

En ce temps-là, tout était encore à peu près clair.

Les féministes universalistes sont apparues, et ont commencé leurs chinoiseries féministes en redéfinissant le *genre* comme une espèce de « sexe social ». (C'est leur habitude, de redéfinir le sens des mots, autrement dit de le saboter.)

Qu'entendent-elles par « sexe social » ?

Apparences, tout simplement.

Quand un homme se déguise en femme, il ne change pas de sexe, mais il change de *genre* au sens féministe du mot : c'est toujours un homme, mais il a *l'air* d'une femme. De la même manière, un pisciculteur peut se déguiser en cosmonaute à une soirée costumée. Quoiqu'il soit toujours pisciculteur, il ressemble maintenant à un cosmonaute. Pas de quoi en faire une vache qui rit, à mon humble avis.

Quel rapport avec la grammaire, avec le *genre* au sens traditionnel ?

Aucun. Mais comme vous l'avez compris, ce n'est pas ce *genre* de détail qui gêne les féministes, habituées à démolir les fondements des langues pour les rebâtir à leur mode... (Quand je pense que pendant ma période féministe, j'étais en extase devant le slogan hideux « Je suis un être humaine », comme si « je suis une femme » ne signifiait pas exactement la même chose, en mille fois plus beau ! Mais passons.)

Après avoir réussi à redéfinir à leur sauce le *genre* pour que le mot signifie « apparence masculine ou féminine », les féministes ont fait un pas de plus et se sont mises à dire que le sexe, c'est-à-dire la réalité biologique, n'était pas plus réel ni plus inné que le genre, qui est de l'ordre du paraître.

En d'autres termes, un homme n'est pas réellement un homme, il a justement vaguement l'air d'être un homme, et pareil pour une femme. Le sexe, la biologie, les organes sexuels, les caractéristiques sexuelles secondaires plus ou moins attrayantes des unes et des autres... ce sont juste des impressions, tout ça. Des effets d'optique. Des mirages.

Pour les féministes, nous vivons dans un rêve. Le corps est une abstraction historique : quand on va aux toilettes, c'est pour évacuer des noumènes et des concepts.

Vous pensez que c'est elles qui planent très haut dans le ciel, et qu'il serait bien temps qu'elles atterrissent ?

Moi aussi.

Résumons : le sexe n'existe pas, tout est construit, mental, tout est dans la tête, même quand c'est situé entre les jambes. Il y a bien des « traits physiologiques » qui ne sont pas tout à fait les mêmes chez des gens qu'on appelle des femmes et des gens qu'on appelle des hommes, mais ça ne veut rien dire : ces « traits physiologiques » ne signifient rien. Ils ne sont pas moins anecdotiques que la différence entre « yeux noirs » et « yeux presque noirs ». Au fond, on est tous pareils. Ou on est ce qu'on a envie d'être.

C'est la vilaine société patriarcale qui nous force à choisir un genre ou un sexe (en fin de compte, c'est la même chose), société tyrannique et oppressive qui nous contraint à nous *prendre* pour un homme ou pour une femme, nous privant ainsi de la liberté enivrante d'être n'importe qui ou n'importe quoi n'importe comment...

Heureusement, la gentille société féministe arrive pour nous délivrer de cet esclavage, et nous révèle qu'une petite fille a le *droit* d'être un petit garçon si elle en a envie et qu'un petit garçon a le *droit* d'être une petite fille s'il le désire. Et faites confiance à l'école et à la République pour que ça les tente, l'enseignement du genre est là pour ça.

Tout ça n'aurait jamais été possible si les féministes n'avaient pas commencé par redéfinir le *genre*, pauvre petit mot grammatical et innocent qui ne demandait rien à personne, pour lui faire désigner un faux-semblant : le look féminin d'un homme travesti en femme, le look masculin d'une lesbienne à barbe.

Mais j'exagère, car c'est un peu plus subtil que ça... L'astuce féministe – car je reconnais que c'est astucieux, dans le *genre* tordu – c'est qu'elles emploient le même mot pour désigner les faux-semblants et les vrais-semblants : la toilette hyper-féminine d'une jeune fille aux formes fines, ce n'est pas moins son *genre* – son « sexe social » – que la toilette hyper-féminine d'un camionneur musculeux travesti en drag-queen.

Autrement dit, pour les féministes, cette jeune fille et ce travelo sont du même genre ! Et puisqu'en fin de compte le sexe n'est qu'une construction purement sociale, un artefact mental, un concept, et bien tout cela signifie qu'en dernière analyse, ces deux êtres humains sont des femmes, puisque tous deux *en ont plus ou moins l'air et qu'ils se voient comme ça* !

Vous comprenez maintenant où gît le lièvre : quand on baptise d'un même nom la vérité et le mensonge, l'identité sexuelle réelle et l'identité sexuelle fictive, on a le cerveau tout prêt à partir en sucette.

De même que tous les hommes sont des agresseurs réels ou potentiels et toutes les femmes des victimes réelles ou virtuelles, de même tous ceux qui portent des jupes sont des femmes réelles ou imaginaires, et peu importe la différence, qui est uniquement quantitative : après tout, un homme, n'est-ce pas une femme avec un peu plus d'hormone mâle ? Et une femme, n'est-ce pas un homme avec un peu plus d'hormones femelles ? Un chouïa de plus ou de moins, tout compte fait qu'est-ce que ça change ? D'ailleurs un clitoris, n'est-ce pas une sorte de phallus à l'envers, si on regarde bien ? (Je n'invente rien. Des féministes se livrent à ce genre de rapprochement surréaliste.) Avec la même logique illogique, Freud accuse l'Humanité tout entière des crimes qu'il a commis, lui.

Quand on met sur le même plan le réel et le rêve, les faits et les éventualités, quand on prend de très vagues similitudes pour des preuves de quelque chose, on peut phosphorer très intensément, on n'en délire pas moins...

Pas vraiment une conclusion...

Le féminisme dit *universaliste* devrait plutôt s'appeler le féminisme *unisexe* ou *inverti*. *Unisexe* parce qu'il nie le fait qu'il y ait bien réellement deux sexes dans l'espèce humaine. *Inverti* parce que son but, son but réel, est que les femmes deviennent des espèces d'hommes et les hommes, des espèces de femmes.

Ce féminisme ressemble par certains côtés à la misogynie : il y a chez les féministes universalistes le même mépris des qualités et caractéristiques féminines que chez les misogynes les plus aigris, les plus racornis.

Pour les féministes universalistes, une mère au foyer est une « poule pondeuse » – comme s'il suffisait de les « pondre », comme si accoucher était aussi simple et facile pour une femme que pondre un œuf pour une poule, comme si elles-mêmes n'avaient pas été « pondues » par leurs mères... – et une épouse dévouée n'est rien de plus qu'une « carpette » – comme s'il suffisait de se coucher à plat ventre et de se faire masser le dos par les pieds de son conjoint pour devenir l'épouse idéale... quel pied !

À leurs yeux aveuglés, toute femme qui choisit un destin clairement féminin est méprisable. Dans leur perspective à la limite du délirant, « gentille fille » n'a rien d'un compliment : c'est une insulte humiliante qu'elles font tout pour ne pas mériter. Et bien sûr, elles y arrivent. Ce ne sont *pas* de gentilles filles.

Pour ces féministes dites universalistes, toutes les caractéristiques positives ou négatives traditionnellement dévolues aux hommes deviennent miraculeusement des qualités lorsqu'elles sont assumées par des femmes.

Un homme qui a de l'ambition, qui serait prêt à tuer père et mère pour réussir, c'est mal ; une femme qui a de l'ambition, qui serait prête à tuer père et mère pour réussir, c'est bien ; un homme dur et violent, c'est mal ; une femme dure et violente, c'est bien.

Et de fil en aiguille, au bout du mécompte, ce sont les méchantes des contes de fée que ces féministes gravement perturbées considèrent comme des héroïnes. Vive la sorcière de Blanche-Neige et la méchante belle-mère de Cendrillon ! Lire les critiques que les féministes consacrent aux films de Walt Disney est à cet égard particulièrement édifiant.

Pour ces prétendues universalistes, le mal au masculin, c'est le mal absolu, le bien au féminin, c'est un méprisable manque de personnalité (*poule, carpette*), et le mal au féminin, c'est le top !

La crème de la crème des qualités morales.

Quant au bien au masculin, ça n'existe pas, tout simplement. L'homme n'a jamais été viril, courageux ou héroïque. Il n'a jamais été inventif ou créatif. Il a juste bénéficié d'un bon attaché de presse.

Si l'une de ces universalistes voyait une princesse d'Orient écraser délibérément les mains de son serviteur-esclave (un sans-papiers pakistanais) de ses talons hauts, elle interpréterait tout de suite la scène comme de la légitime défense. Un homme frappé et humilié par une femme, ça n'existe pas. C'est toujours, toujours de la légitime défense. Au minimum, de la légitime *vengeance* : des milliers d'années d'oppression, *quand même* !

Parce que la vie est une guerre et qu'il s'agit de renverser des « siècles et des siècles de patriarcat », les féministes universalistes sont en colère. Pas de temps en temps. Tout le temps.

Tout ça est terriblement triste...

Triste que des femmes se gâchent la vie, et s'acharnent à gâcher la vie des autres, parce qu'elles ont la tête farcie de concepts biaisés et de néologismes mal foutus. Triste que tout en se clamant haut et fort « pro-choix », elles soient si persuadées que toutes les femmes sont des victimes impuissantes qui n'ont pas le choix, même quand elles n'en sont pas.

Mais pourquoi je m'apitoie ?

Allons, allons, ce n'est pas le lieu. Et pourtant j'aurais envie de leur dire... envie de *vous* dire... qu'il y a une autre façon de vivre.

Une autre façon de voir la monde. Que lorsqu'on cesse de se prendre pour une victime et qu'on assume l'entière responsabilité de sa vie, la vie change. En mieux. Que les hommes sont des êtres humains, eux aussi. Qu'ils peuvent se sentir blessés ou humiliés par des petites réflexions, eux aussi. Que lutter contre sa nature n'est pas la route du bonheur. Qu'être indépendante n'est pas un objectif qui vaille la peine qu'on s'y consacre. Et que les premières féministes voulaient tout simplement améliorer la condition des femmes.

Elles voulaient le droit de vote et elles avaient raison.

Elles voulaient le droit à l'éducation et elles avaient raison.

Et pourquoi aujourd'hui ne pas se concentrer sur des buts valables, comme elles le faisaient ?

Pourquoi ne pas lutter par exemple contre la pornographie et la pédocriminalité ?

Mais non... ce genre de noble cause n'intéresse pas les féministes universalistes. Elles sont trop bien saucissonnées dans la toile d'araignée de leur idéologie menteuse et mortifère pour bouger dans ce sens-là.

Et c'est bien triste, encore une fois.

Avant de terminer je m'adresse à vous, chère lectrice féministe qui avez eu la patience et l'ouverture d'esprit de me lire jusqu'ici malgré nos divergences. J'aimerais vous poser une question. Une petite question qui, si vous la prenez un tant soit peu au sérieux, peut vous ouvrir les portes d'un univers plus vaste et plus sûr, plus beau et plus douillet.

Et si vos souffrances, votre colère, votre rage, votre sensibilité à fleur de peau, n'étaient pas la conséquence directe du patriarcat et des injustices subies par les femmes depuis « des siècles et des siècles », comme vous l'avez cru jusque là ?

Et si leur cause était autre ?

Et si l'origine de votre frustration était à chercher non dans la réalité elle-même, mais dans votre perception (perception peut-être erronée) de la réalité ? Montaigne disait : « Les hommes sont tourmentés par les opinions qu'ils ont des choses, non par les choses mêmes... » Et si cette remarque s'appliquait aussi à vous ?

Qu'en pensez-vous ?

Un conseil

Nous n'avons absolument pas fait le tour de tous les mensonges du féminisme unisexe, mais j'espère que maintenant, vous comprenez mieux ce qu'est ce féminisme destructeur et menteur : un tissu de sophismes. Une succession de raisonnements fallacieux fondés sur des concepts qui ont divorcé de la réalité depuis bien longtemps déjà. Intellectuellement, de la bouillie pour chat.

Ces raisonnements hyper-approximatifs ont des effets graves sur celles qui y croient. J'ai commencé à m'en apercevoir lorsque j'ai vu pour la première fois Christine Delphy, que je ne connaissais encore que par ses livres.

À la différence de beaucoup de féministes, Christine Delphy s'exprime clairement. Et dans le cadre conceptuel complètement fallacieux qui est le sien comme celui de toutes les féministes dites universalistes, elle fait preuve d'une grande cohérence, d'une grande logique. Pour toutes ces raisons, Christine Delphy était ma féministe préférée. J'aimais tous ses bouquins.

Et puis un jour, j'ai assisté à une conférence où elle était présente.

Et là j'ai eu un choc.

Je m'attendais à voir une femme normale, et ce que j'ai découvert, c'est un être sans sexe déterminé.

Une coupe presque militaire, une démarche virile, une voix rauque, un caractère explosif, une rage mal contenue... c'était donc ça, mon idole ?!

Non, cette confrontation avec les effets concrets de l'idéologie féministe sur celles qui l'adoptent ne m'a pas guérie. Mais elle a semé un doute dans mon esprit : le féminisme pouvait-il être aussi merveilleux et salutaire que je le croyais, s'il changeait les féministes en hommasses ? Et si je poursuivais mon chemin féministe, est-ce que moi aussi je finirais par ressembler à *ça* – c'est-à-dire à un être qui a abandonné sa véritable nature sans parvenir à changer réellement de camp ? Cesser d'être une femme sans devenir un homme pour autant, rester coincée dans un no man's land qui est aussi un no woman's land, une utopie où personne ne mettra jamais les pieds, n'est-ce pas un double échec et une cruelle déconfiture ?

À un moment de la conférence, Christine Delphy s'est détendue un peu. Sa carapace d'assurance et de rage s'est fissurée, ses yeux se sont égarés dans le vague et elle a dit : « On peut surmonter les limites du genre. Moi, j'ai dépassé tout ça... »[19] À ce moment-là, il y avait un flou indescriptible, un flou immense, dans son regard incertain.

Cher lecteur, chère lectrice, je vous encourage à ne jamais, *jamais* dépasser tout ça. N'oubliez jamais que vous êtes un homme. Souvenez-vous toujours que vous êtes une femme. Ne confondez pas l'idéologie et les faits. Ne vous laissez pas hypnotiser par les contorsions sémantiques d'intellectuelles à l'intelligence partie en vrille. Ne perdez pas contact avec votre bon sens. En ces temps de plus en plus troubles, troublés et troublants, c'est peut-être votre bien le plus précieux.

BONUS
analyse de trois citations
de Christine Delphy

Après avoir terminé l'écriture de ce petit livre, j'ai eu la curiosité de chercher des citations de Christine Delphy pour raviver mes souvenirs. J'en ai trouvé plusieurs sur le site Babelio, et je n'ai pas été déçue. En voici trois, suivies de leur analyse. Vous allez voir, ce n'est pas piqué des hannetons :

« La biologie ne connaît pas de filiation. La filiation, c'est un phénomène social. »

« Aucun individu ne peut exister en dehors de la société. Il ne peut exister d'être humain sans société, il ne peut exister de pensée sans langage ; une collectivité, même réduite à quelques dizaines de personnes, est indispensable pour que des individus existent. »

« La description des légumes n'a pas les caractères d'une ordination : choux-fleurs, carottes, aubergines, poivrons, ne sont pas distingués dans un souci hiérarchique. En revanche, quand cette catégorisation est à la fois dichotomique et exhaustive, quand tous les légumes ou tous les êtres humains sont classés dans une catégorisation qui ne comprend que deux termes, et dont aucun légume ou être humain ne peut sortir car ne pas appartenir à une catégorie implique nécessairement d'appartenir à l'autre, cette catégorisation est faite dans le but de les hiérarchiser : l'une des catégories est forcément supérieure à l'autre et l'autre forcément inférieure à la première. »

1/ La filiation, dit Christine Delphy, est un phénomène purement social. Mais alors, pourquoi fait-on des tests de paternité ? Réponse donnée par le dictionnaire : parce que la filiation est « le lien de parenté qui unit un individu à un père et une mère ». Pour faire un enfant, il faut un homme et une femme. Ceci est un fait biologique, pas social. Le lien de parenté qui unit cet enfant à cet homme et à cette femme qui sont son père et sa mère (on peut dire aussi son *géniteur* et sa *génitrice,* mais c'est nettement moins joli), s'appelle « la filiation ».

La filiation est donc un phénomène biologique.

Après, la société brode. C'est ainsi qu'on parle par analogie de « père adoptif » et de « mère adoptive ». Dans ces cas, la société fait *comme si* une relation sans base biologique était une relation biologique. N'empêche que la filiation, c'est-à-dire la *vraie* filiation, reste toujours l'idéal et la norme, puisque c'est elle qui sert de point de référence, de comparant.

Prétendre comme le fait Christine Delphy que la filiation est un phénomène social, c'est prétendre que le fait d'avoir été élevé par un homme et une femme suffit à créer le lien de parenté nommé « filiation », et qu'inversement, le fait de ne *pas* avoir été élevé par sa vrai mère et son vrai père suffit pour que ceux-ci ne l'aient jamais été.

Dans cette perspective bizarroïde, bon nombre de tragédies n'en sont plus du tout. Par exemple, en Argentine, sous la dictature militaire, des couples ont été torturés et tués, et leurs enfants confisqués. Ces enfants ont grandi, croyant que leurs parents adoptifs (bourreaux de leurs vrais parents) étaient leurs parents réels. Aujourd'hui, ils apprennent la vérité et c'est dur.

Mais pourquoi est-ce dur, puisque la filiation est un lien uniquement social ?!

D'après Christine Delphy et toutes les féministes qui partagent ses idées, il ne devrait y avoir là aucun problème... les parents adoptifs sont les parents réels, et les parents réels sont...

Heu...

Personne. Sympa pour eux. Si on leur a piqué leurs enfants quand ils étaient encore tout petits, ils n'ont plus qu'un droit : celui de la boucler.

2/ Deuxième citation : « une collectivité, même réduite à quelques dizaines de personnes, est indispensable pour que des individus existent. »

D'après Christine Delphy, la collectivité préexiste aux individus : il faut un groupe pour que les individus existent. Mais *de quoi* est formé un groupe ? D'individus !

En d'autres termes, Christine Delphy affirme que le groupe, qui est formé d'individus, préexiste aux individus qui le composent. C'est à peu près aussi rationnel que si l'on disait que la tarte aux pommes préexiste aux pommes qui la garnissent, et que sans tarte aux pommes, aucune pomme ne pourrait pousser sur aucun pommier.

Un individu aura du mal à survivre sans communauté, certes, mais une communauté sans individus qui la composent n'est pas une communauté : c'est un ensemble vide. Pour trouver la vérité, il faut donc renverser cul par dessus tête l'énoncé de Christine Delphy : des individus sont indispensables pour qu'une collectivité existe.

Même si on peut se demander comment le couple de nos premiers ancêtres ont survécu tout seuls, il n'en reste pas moins évident, c'est-à-dire indiscutablement logique, que la toute première communauté humaine se résumait à deux personnes. Ce deux personnes ont fait des enfants plus nombreux qu'eux, qui ont fait eux-mêmes des enfants… et pour finir, nous voilà.

3/ Dans la troisième citation, Christine Delphy compare le classement des légumes en choux-fleurs, carottes, aubergines et poivrons au classement de l'humanité en hommes et femmes. Pour elle, le fait de diviser un groupe en deux sous-groupes sans intersection impliquerait un rapport hiérarchique entre ces deux groupes qu'on ne trouve pas chez les cucurbitacées.

Est-ce que par hasard, cela voudrait dire que le monde serait plus beau et plus juste si nous étions tous des légumes ?

Passons.

Ce qui est intéressant dans le point de vue de Christine Delphy, c'est qu'elle fait totalement l'impasse sur le fait que, dans la réalité, il y a *réellement* des choux-fleurs, des carottes et des poivrons, et qu'il y aussi *réellement* des hommes et des femmes.

Christine Delphy semble partir du principe que catégoriser est une activité arbitraire n'ayant rien à voir avec le monde réel. En d'autres termes, elle oublie que nommer des légumes, ce n'est pas tout à fait la même chose qu'écrire un roman d'héroïque-fantaisie ou un poème surréaliste. Et de même, diviser l'Humanité en hommes et en femmes, ce n'est pas suivre les pas d'Isaac Asimov, ce n'est pas faire de la science-fiction, c'est au contraire mettre les mots les plus simples et les plus justes sur une réalité indiscutable. (Indiscutable, mais tout de même discutée, puisque les féministes la contestent.)

Le fait de catégoriser en hommes et femmes serait, selon elle, une ruse patriarcale visant à hiérarchiser les deux groupes. Comme si quelqu'un, jadis, avait décidé d'inventer ces deux mots dont on s'était très bien passé jusque là...

Christine Delphy présuppose l'existence d'une langue originelle qui serait parfaitement neutre, une langue d'où *homme* et *femme* seraient absents. Malheureusement pour elle, parmi toutes les langues anciennes et archaïques qui ont été étudiées jusqu'ici, aucune ne montre une telle neutralité. Toutes les langues ont des mots pour désigner les hommes et d'autres pour désigner les femmes, ce qui ne vous étonne sans doute pas plus que moi.

Ce qui nous amène à un point intéressant : Christine Delphy semble croire que les langues sont des constructions humaines, de la même manière que les maisons en sont. Cependant, mis à part l'espéranto (inventé par Ludwik Lejzer Zamenhof) et l'elfique (forgé J. R. R. Tolkien), qui ne sont pas parlés par grand monde, la majorité des langues ne répondent pas à cette définition.

Autre remarque en passant : si les mots *hommes* et *femmes* ont été inventés – par les hommes, je suppose – pour le plaisir pervers d'opprimer les femmes, quid des mots *étalon* et *jument* ? *Tigre* et *tigresse* ? *Singe* et *guenon* ? *Chat* et *chatte* ? Ces mots ont-ils été inventés pour aliéner, opprimer et exploiter les juments, les tigresses, les guenons et les chattes ?

Si le mot *poule* n'avait pas été inventé, laisserait-on les poules tranquilles ?

Ne récolterait-on que les œufs des coqs ?

À l'horizon, la rive lointaine du réel se perd dans les brumes. La seule terre visible est une île onirique et quelque peu cauchemardesque, un mirage. Bizarrement, Christine Delphy en convient elle-même :

« La violence contre les femmes est, comme le travail domestique, la preuve que la réalité n'est pas là. »

Cette phrase, qui associe d'une manière complètement absurde tabassage et repassage, coup de poing et coup de balai, ne veut rien dire, mais elle résonne comme un aveu, un lapsus révélateur : de l'échafaudage théorique de Christine Delphy, la réalité est absente.

Pour finir, je tiens tout de même à souligner qu'en dépit de toutes ses théories saugrenues, Christine Delphy est l'une des rares féministes qui aient à cœur de défendre *toutes* les femmes, y compris les musulmanes portant le voile, ce qui pour une athée matérialiste constitue une preuve d'intégrité et de cohérence intellectuelles digne des plus sincères éloges.

Votre avis est important

Merci d'avoir lu ce livre. Pouvez-vous lui mettre un commentaire sur le site où vous l'avez acheté ? (Si vous ne l'avez pas acheté, il n'est pas trop tard pour corriger cette erreur...)

Faites-le maintenant, cela vous prendra cinq minutes, pas davantage, et votre avis aura trois effets bénéfiques :

(1) Il permettra aux lecteurs potentiels qui se demandent si ce livre mérite d'être lu de prendre une décision éclairée ;

(2) Il nous aidera à faire bouillir la marmite, à mettre nos enfants à l'école, etc., car notre maison d'édition nous fait vivre et que les lecteurs achètent en priorité les livres qui ont de bons commentaires ;

(3) Il nous permettra de vous préparer d'autres ouvrages de qualité, et éventuellement d'améliorer celui-ci... les relectures coûtent cher.

Pour un éditeur comme pour un auteur (je suis les deux), les commentaires des lecteurs ont une grande valeur. Je vous serai vraiment reconnaissante de mettre un commentaire à ce petit ouvrage.

Merci encore pour votre confiance, et à bientôt dans un prochain ouvrage.

Lucia Canovi

Catalogue
des éditions lucia-canovi.com
Liberté ● Vérité ● Clarté

Des mots qui aident, guident, réconfortent, encouragent, éclairent, élèvent ou libèrent

**Nos livres sont disponibles aux formats pdf, .mobi et epub. et nos programmes audios, au format mp3
Si vous voulez un de nos livres sous forme brochée (en vrai livre papier), vous pouvez passer commande en nous écrivant à *contact@lucia-canovi.com***

Programmes audios à base d'offirmations – ce n'est PAS une faute d'orthographe !
Les offirmations sont des questions en « pourquoi » et en « nous » inspirées d'Émile Coué et de Noah Saint-John, questions qui permettent, quand on les écoute régulièrement, de programmer son cerveau pour atteindre n'importe quel objectif et réaliser ses rêves.

Écoutez tous les jours 100 % confiance en soi (http://go.canovi.canovi.11.1tpe.net/) et au bout de 30 jours, vous aurez une inébranlable confiance en vous-même.

Pour garder votre calme en toutes circonstances, écoutez tous les jours Enfin calme (http://go.canovi.canovi.10.1tpe.net/).

Pour être heureux quoi qu'il arrive, écoutez tous les jours Enfin heureux. (http://go.canovi.canovi.9.1tpe.net/)

Pour apprendre l'anglais avec rapidité et facilité, écoutez tous les jours Enfin bilingue (http://go.canovi.canovi.2.1tpe.net/).

Pour apprendre l'arabe avec enthousiasme et plaisir, écoutez tous les jours Enfin bilingue en arabe (http://go.canovi.canovi.6.1tpe.net/).

Parentalité
Parents heureux, enfants joyeux ! Proverbes et citations motivantes pour familles aimantes, de Anna Fonseca

Histoire

La révolution française : une conspiration ?, d'Augustin Barruel

Études/Art d'écrire
7 secrets pour réussir brillamment ses études sans le moindre stress !, de Lucia Canovi.
Écrire une scène d'action en s'inspirant d'un grand romancier, de Lucia Canovi

Psychanalyse
Freud tueur en série : vrais meurtres et théorie erronée, d'Eric Miller
Secrets et dangers de la psychanalyse : Freud n'est pas votre ami, de Lucia Canovi

Science
La terre ne bouge pas, de Gustave Plaisant
La terre est immobile : preuve que la terre ne tourne ni autour de son axe, ni autour du soleil, Carl Schoepffer

Féminisme et sexisme
Sept mensonges du féminisme, de Lucia Canovi
Sept mensonges du sexisme, de Lucia Canovi

Religion/spiritualité
Eckhart Tolle et l'idiocratie : découvrez la doctrine et les effets d'un "grand maître spirituel", de Lucia Canovi
L'Islam au-delà des apparences, de Lucia Canovi
Pourquoi j'ai embrassé l'Islam, d'Anselme Turmeda

Essais/Actualité
Réfléchissez ! Racisme, antisémitisme, quenelle et autres sujets sensibles, de Lucia Canovi
Conversations avec l'ennemi de Dieu : le mal au XXIe siècle, de Lucia Canovi
Le Lait du Mensonge : Fragments d'une parole sincère, de Lucia Canovi
Êtes-vous Charlie ?, de Lucia Canovi

Le piroptimisme : faut-il soigner le mal par le mal ?, de Lucia Canovi

Roman
Un baron en caravane, de Elisabeth Von Arnim
Amour et mensonges sous le ciel d'Italie, de Jean Webster
Horace, de George Sand
Les dames vertes, de George Sand
Nanon, de George Sand
Cecilia, de Fanny Burney (12 volumes)

Développement personnel/Psychologie
Marre de la vie ? Tuez la dépression avant qu'elle ne vous tue !, de Lucia Canovi
Le trésor : découvrez la méthode la plus simple de vous faire des alliés et de réaliser vos rêves, de Lucia Canovi
La clé du bonheur : 365 offirmations* pour surmonter dépression, découragement, déprime et être heureux en toutes circonstances [Ce n'est PAS une faute d'orthographe], de Lucia Canovi
La Clé du Calme : 365 offirmations* pour triompher de l'anxiété, du stress, de la colère et trouver la sérénité [Ce n'est PAS une faute d'orthographe], de Lucia Canovi
La Clé de la Richesse : 365 offirmations* à se poser pour s'enrichir malgré la crise [Ce n'est PAS une faute d'orthographe], de Lucia Canovi
Le petit livre de la paix intérieure : Proverbes anti-stress et citations calmantes, de Lucia Canovi
Le petit livre qui fortifie : Proverbes réconfortants et citations motivantes, de Lucia Canovi
Aller mal quand tout va bien : La dépression dédramatisée, de Lucia Canovi
La dépression est-elle une vraie maladie ? 9 idées fausses sur la tristesse et le mal-être, de Lucia Canovi
Et si la dépression avait un sens ?, de Lucia Canovi
Les vraies causes de la dépression, de Lucia Canovi
Libérez-vous de l'alcool et de la cigarette : Comprendre le joug pour le briser, de Lucia Canovi

Vivez jusqu'au bout ! Suicide, mode de non-emploi, de Lucia Canovi

Vous n'êtes pas fou ! Les maladies mentales démystifiées, de Lucia Canovi

Antidépresseurs, mensonges et conséquences, de Lucia Canovi

Torture ou thérapie ? La vérité sur les électrochocs, de Lucia Canovi

Enfin heureux ! Cinq thérapies gratuites et efficaces pour retrouver le sourire, de Lucia Canovi

La dépression sans nom, de Lucia Canovi

OrdiZen : La méthode de rangement qui permet de savoir exactement où est quoi dans son ordinateur... et de le retrouver rapidement !, de Lucia Canovi

À propos de Lucia Canovi

Lucia Canovi est auteur, éditeur et iconoclaste. Sa vie comporte trois actes très différents.

Premier Acte : Adeline Aragon gagne six prix littéraires, réussit ses études de lettres modernes et obtient du premier coup l'agrégation, concours réputé pour sa difficulté. Après ces brillantes études, désorientée, elle se tourne vers l'enseignement moins par choix que par impossibilité de changer en gagne-pain l'écriture, sa vocation de toujours. Pendant ce premier acte, elle est athée, cartésienne et militante féministe (Voir son livre *Sept mensonges du féminisme*).

Deuxième Acte : profondément insatisfaite de sa vie même si elle a « tout », à 27 ans elle se lance dans l'astrologie, le tarot et le russe, se teint les cheveux en rouge vif, quitte sa Toulouse natale pour Paris, et troque son rationalisme contre un mysticisme échevelé qui la mène à l'hôpital psychiatrique pour deux semaines. Loin de lui apporter le bonheur, cette route tortueuse se révèle de moins en moins carrossable. Pendant ce second acte, elle fume, boit, construit des châteaux en Espagne (voir son livre *Libérez-vous de l'alcool et de la cigarette : comprendre le joug pour le briser*), continue à écrire sans convaincre aucun éditeur de son génie, et adopte toutes les croyances du Nouvel Âge, dont la réincarnation. Elle est alors une disciple enthousiaste d'Eckhart Tolle (Voir son livre *Eckhart Tolle et l'idiocratie : doctrine et effets d'un « grand maître spirituel »*).

Troisième Acte : arrivée au bout de ses ressources financières, sans ami et sans amour, pour la première fois de sa vie elle se tourne vers Dieu pour Lui demander Son aide. Une semaine après, elle rencontre l'homme de sa vie qui lui propose immédiatement le mariage et l'Islam. Le coup de foudre étant réciproque, elle accepte le mariage. Quelques mois et d'innombrables lectures plus tard, dont *Le Mensonge de l'évolution* d'Harun Yayha, pour son plus grand bonheur elle se convertit à l'Islam.

Encouragée par son mari, elle se remet à l'écriture sous le nom de plume de Lucia Canovi avec un enthousiasme renouvelé et un but bien précis : aider les personnes qui souffrent comme elle a souffert. Son grand livre ***Mentalpax : antidépresseur naturel sous forme de livre préconisé dans le traitement de l'anxiété, des idées noires, de la dépression et des autres diagnostics*** *(*publié dans une première version sous le titre ***Marre de la vie ?)*** est le fruit de huit années de recherches ; les lecteurs l'adorent.

Par la suite, elle écrit sur toutes sortes de sujets, avec un intérêt particulier pour la logique, le développement personnel (voir en particulier son livre ***Le trésor : découvrez la méthode la plus simple de vous faire des alliés et de réaliser vos rêves***), la religion (voir son livre ***L'Islam au-delà des apparences***) et le mal sous toutes ses formes (voir son livre ***Conversations avec l'ennemi de Dieu : le mal au XXIe siècle***).

En 2015, prenant conscience qu'il ne sert à rien d'attendre l'éditeur charmant, Lucia Canovi se décide à créer sa propre maison d'édition par internet, **lucia-canovi.com,** ce qui lui donne l'opportunité de publier ***Freud tueur en série : vrais meurtres et théorie erronée***, chef-d'oeuvre d'investigation où Eric Miller prouve par A+B que Freud a sauvagement assassiné son neveu John, ainsi que quelques-uns de ses amis et quelques unes de ses patientes.

Iconoclaste, Lucia Canovi prend un plaisir subversif à mettre en pièces les mensonges les mieux établis, démolissant en priorité les impostures qui, en raison de leur ancienneté ou de leur succès quasi universel, semblent infiniment plus vénérables que les vérités ridiculisées qu'elles prétendent remplacer.

Aujourd'hui, Lucia Canovi vit tranquillement en Algérie avec son mari et ses deux enfants, et s'emploie à offrir le meilleur à ses lecteurs de plus en plus nombreux. Ses livres sont traduits en anglais, espagnol, allemand, italien, portugais, japonais, russe et néerlandais. Vous pouvez lui écrire à lucia@lucia-canovi.com.

[1] Un homme aussi a le droit et le devoir de critiquer le féminisme. Mais peut-être que la parole d'une femme a un petit peu plus de poids sur ce sujet-là... Ou peut-être est-ce juste ainsi que l'on voit les choses.

[2] SOURCE : http://www.lemonde.fr/societe/article/2010/11/25/combattre-le-viol-c-est-s-attaquer-a-la-domination-masculine_1444792_3224.html#3LJ3xyzkE2D4jRRp.99

[3] SOURCE : http://www.crepegeorgette.com/2012/03/08/tu-seras-violee-ma-fille/

[4] SOURCE : http://blog.francetvinfo.fr/ladies-and-gentlemen/2013/01/12/viol-nous-reclamons-le-droit-a-limprudence.html

[5] SOURCE : http://www.lemonde.fr/societe/article/2010/11/25/combattre-le-viol-c-est-s-attaquer-a-la-domination-masculine_1444792_3224.html#3LJ3xyzkE2D4jRRp.99

[6] SOURCE : http://manifesto-21.com/cheri-tu-mets-une-jupe-ce-soir/ Notez le lien entre la jupe et l'intelligence : à en croire l'auteur de cet article, pour prouver leurs capacités intellectuelles les mâles doivent se mettre en jupe... Mais quel rapport pourrait-il bien y avoir entre le quotient intellectuel et la tenue vestimentaire ?! Franchement, je ne vois pas. Que je sache, le quotient intellectuel des femmes n'a pas augmenté quand elles ont commencé à se mettre en pantalons, alors pourquoi l'intelligence des hommes deviendrait-elle plus vive lorsqu'ils revêtiraient une jupe ? Et pourquoi les féministes, qu'on voit bien plus souvent en pantalons qu'en jupes, veulent-elles que les hommes mettent des vêtements qu'elles n'aiment pas porter elles-mêmes ? Au fond, l'objectif c'est l'inversion des genres. Pas le pantalon pour tous ni la jupe pour tous, mais le pantalon pour les femmes et la jupe pour les hommes.

[7] SOURCE : http://www.terrafemina.com/tendances/le-coin-des-tendances/articles/18352-manifeste-pour-le-port-de-la-jupe-au-feminin-masculin.html#H7cLYvIf8FceLmHL.99 LL'expression « puritanisme ambiant » est vraiment étrange. À croire que l'auteur a écrit son article en Grande-Bretagne à l'époque victorienne... Nous vivons dans un monde érotisé et pornotisé où les fesses et les seins s'affichent partout sur les murs : où est le puritanisme ?

[8] SOURCE : http://fleurfurieuse.blogspot.com/2014/05/les-viols-dhommes-ce-serait-pire.html

[9] SOURCE : http://www.lemonde.fr/societe/article/2010/11/25/combattre-le-viol-c-est-s-attaquer-a-la-domination-masculine_1444792_3224.html#3LJ3xyzkE2D4jRRp.99

[10] « SOURCE : And if the professional rapist is to be separated from the average dominant heterosexual (male), it may be mainly a quantitative difference. » Susan Griffin, Rape: The All-American Crime. SOURCE : http://thoughtcatalog.com/jake-fillis/2014/05/23-quotes-from-feminists-that-will-make-you-rethink-feminism/

[11] SOURCE : « As long as some men use physical force to subjugate females, all men need not. The knowledge that some men do suffices to threaten all women. » http://thoughtcatalog.com/jake-fillis/2014/05/23-quotes-from-feminists-that-will-make-you-rethink-feminism/

[12] J'en profite pour protester au passage : moi, je ne suis pas terrifiée. Alors même dans le pire des cas, ce n'est pas « all women ». C'est « all women » moins une.

[13] SOURCE : http://antisexisme.net/2014/01/12/lobjectivation-sexuelle-des-femmes-un-puissant-outil-du-patriarcat-le-regard-masculin/

[14] SOURCE : http://www.alternativelibertaire.org/?Radicalites-Contre-un-feminisme

[15] SOURCE : http://www.cahiersdusocialisme.org/2013/07/09/origine-et-nature-du-patriarcat-une-vision-feministe/

[16] SOURCE : http://www.jesuisfeministe.com/?p=7031

[17] SOURCE : http://www.madmoizelle.com/4-chansons-feministes-144724

[18] SOURCE : https://www.erudit.org/revue/rf/2007/v20/n2/017606ar.html

[19] Je ne me rappelle pas de ses mots exacts, mais c'est l'idée.

Table des matières